Impressum
Verlag: BABADADA GmbH, Nedderfeld 112 , 22529 Hamburg
Geschäftsführer / Verlagsleitung: Harald Hof
Druck: Books on Demand GmbH, In de Tarpen 42, 22848 Norderstedt

Imprint
Publisher: BABADADA GmbH, Nedderfeld 112 , 22529 Hamburg, Germany
Managing Director / Publishing direction: Harald Hof
Print: Books on Demand GmbH, In de Tarpen 42, 22848 Norderstedt

el colegio
sekolah

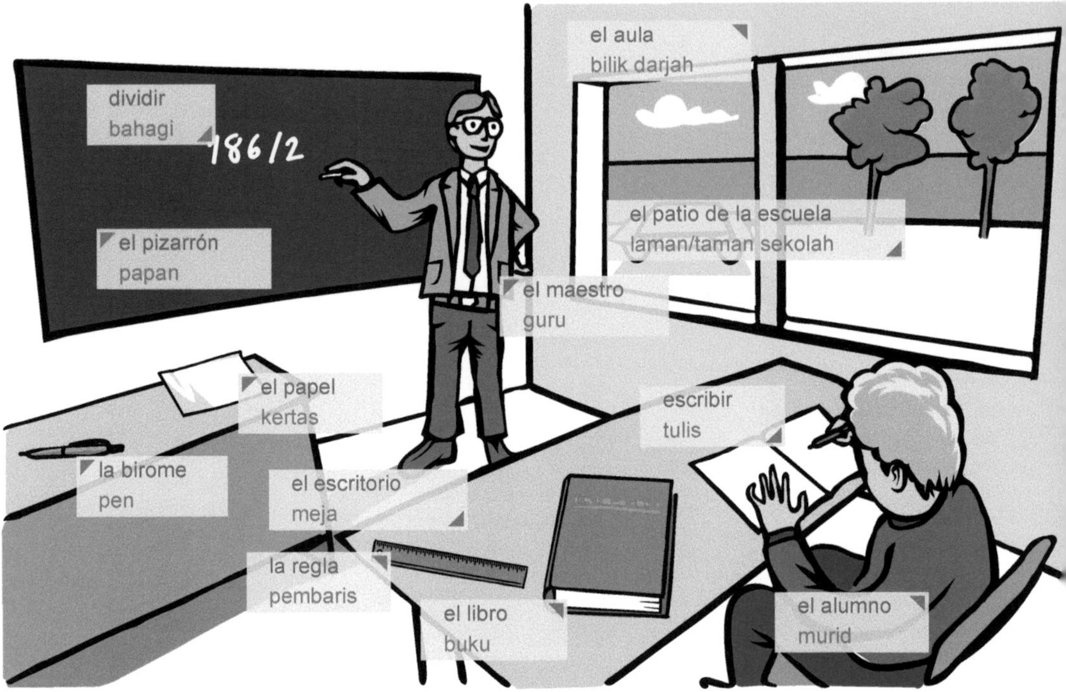

el aula
bilik darjah
dividir
bahagi
186/2
el pizarrón
papan
el patio de la escuela
laman/taman sekolah
el maestro
guru
el papel
kertas
escribir
tulis
la birome
pen
el escritorio
meja
la regla
pembaris
el libro
buku
el alumno
murid

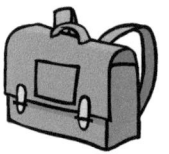

la mochila
beg galas

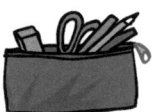

la caja de lápices
kotak pensel

el lápiz
pensel

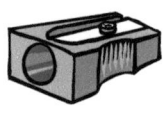

el sacapuntas
pengasah pensel

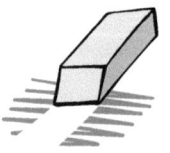

la goma (de borrar)
pemadam

el bloc de dibujo
kertas lukisan

el dibujo

melukis

el pincel

berus lukis

la caja de pinturas

kotak warna

la tijera

gunting

el pegamento

gam

el cuaderno de ejercicios

buku latihan

la tarea

kerja rumah

el número

nombor

sumar

tambah

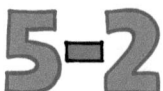

restar

tolak

multiplicar

darab

calcular

kira

la letra

huruf

el abecedario

abjad

la palabra

kata

el texto

teks

leer

baca

la tiza

kapur

la lección

pelajaran

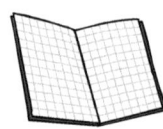

el cuaderno de clase

daftar

el examen

peperiksaan

el certificado

sijil

el uniforme escolar

uniform sekolah

la educación

pendidikan

la enciclopedia

ensiklopedia

la universidad

universiti

el microscopio

mikroskop

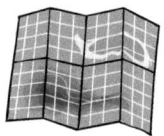

el mapa

peta

el tacho (de basura)

bakul sampah

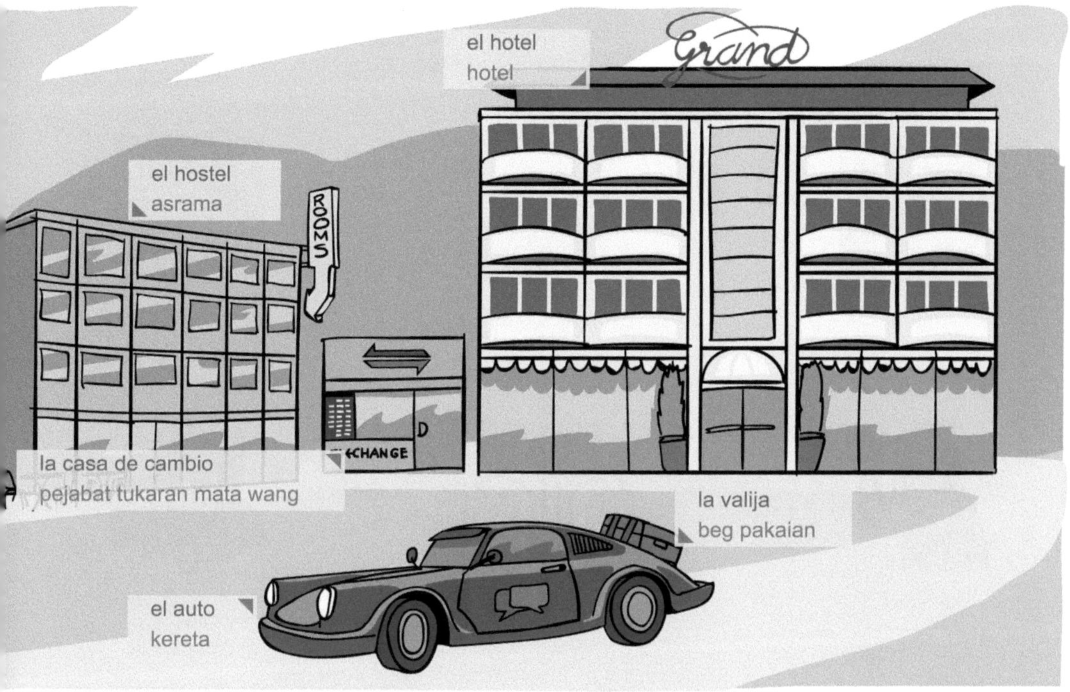

el hotel
hotel
Grand
el hostel
asrama
ROOMS
la casa de cambio
pejabat tukaran mata wang
CHANGE
la valija
beg pakaian
el auto
kereta

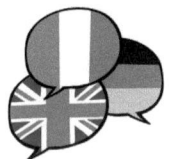

el idioma

bahasa

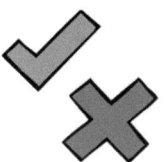

sí / no

ya / tidak

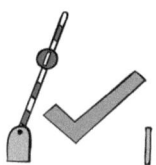

Está bien

okey

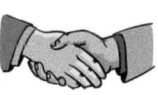

hola

helo

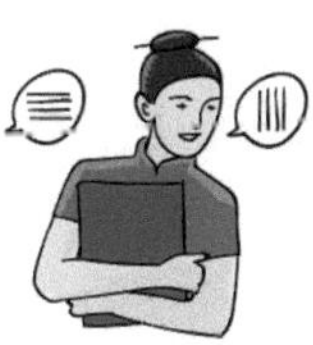

el traductor

penterjemah

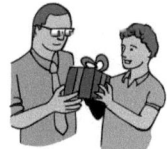

Gracias

Terima kasih

¿cuánto cuesta…?

berapa banyak…?

No entiendo

saya tidak faham

el problema

masalah

¡Buenas tardes!

Selamat petang!

¡Buenos días!

Selamat Pagi!

¡Buenas noches!

Selamat Malam!

el adiós

selamat tinggal

la dirección

arah

el equipaje

bagasi

el bolso

beg

la mochila

beg galas

el invitado

tetamu

la habitación

bilik tidur

la bolsa de dormir

beg tidur

la carpa

khemah

la información turística

maklumat pelancong

la playa

pantai

la tarjeta de crédito

kad kredit

el desayuno

sarapan

el almuerzo

makan tengah hari

la cena

makan malam

el pasaje

tiket

el ascensor

lif

el sello

setem

la frontera

sempadan

la aduana

kastam

la embajada

kedutaan

la visa

visa

el pasaporte

pasport

el transporte

pengangkutan

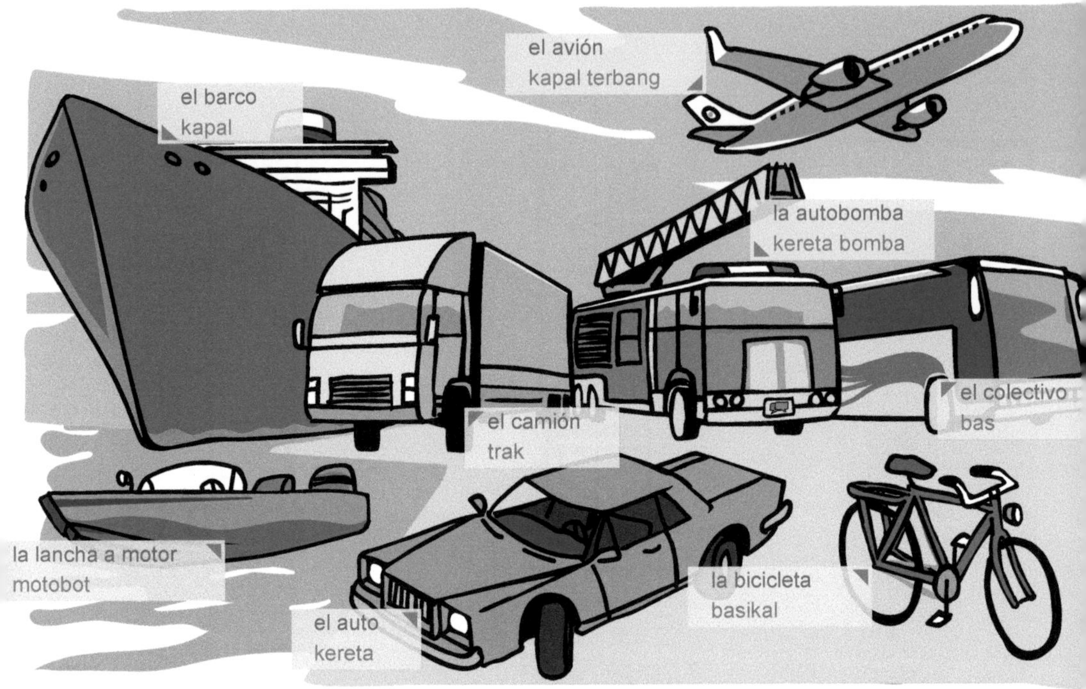
el avión
kapal terbang
el barco
kapal
la autobomba
kereta bomba
el colectivo
bas
el camión
trak
la lancha a motor
motobot
la bicicleta
basikal
el auto
kereta

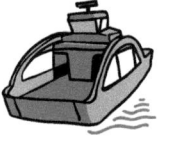

el ferry

feri

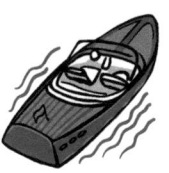

el bote

bot

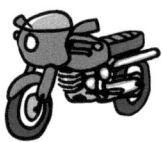

la moto

motosikal

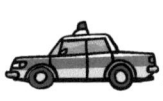

el patrullero

kereta polis

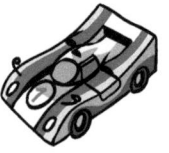

el auto de carreras

kereta lumba

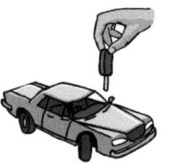

el auto de alquiler

kereta sewa

el alquiler de autos

berkongsi kereta

la grúa

trak tunda

el camión de la basura

trak menolak

el motor

motor

la nafta

bahan api

la estación de servicio

stesen minyak

la señal de tránsito

tanda trafik

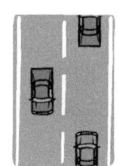

el tránsito

trafik

el embotellamiento

kesesakan lalu lintas

el estacionamiento

tempat parkir

la estación de tren

stesen kereta api

las vías

trek

el tren

kereta api

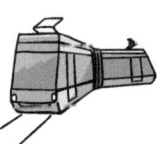

el tranvía

trem

el vagón

gerabak

el helicóptero

helikopter

el aeropuerto

lapangan terbang

la torre

Menara

el pasajero

penumpang

el contenedor

bekas

la caja de cartón

kadbod

la carretilla

kart

la canasta

bakul

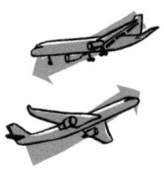

despegar / aterrizar

berlepas / mendarat

la ciudad

bandar

el pueblo

kampung

el centro de la ciudad

pusat bandar

la casa

rumah

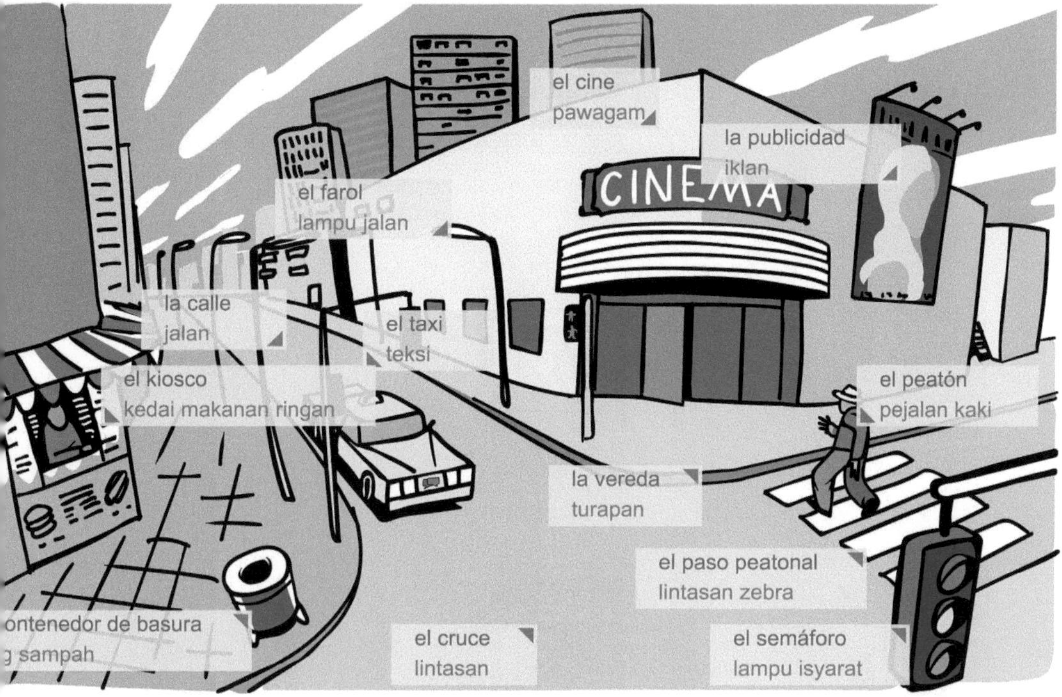

el cine
pawagam

la publicidad
iklan

el farol
lampu jalan

la calle
jalan

el taxi
teksi

el kiosco
kedai makanan ringan

el peatón
pejalan kaki

la vereda
turapan

el paso peatonal
lintasan zebra

ontenedor de basura
g sampah

el cruce
lintasan

el semáforo
lampu isyarat

la cabaña
....
pondok

el departamento
....
flat

la estación de tren
....
stesen kereta api

la municipalidad
....
dewan bandar

el museo
....
muzium

el colegio
....
sekolah

la universidad
universiti

el banco
bank

el hospital
hospital

el hotel
hotel

la farmacia
farmasi

la oficina
pejabat

la librería
kedai buku

el negocio
kedai

la florería
kedai bunga

el supermercado
pasar raya

el mercado
pasaran

las grandes tiendas
gedung

la pescadería
penjual ikan

el centro comercial
pusat membeli-belah

el puerto
pelabuhan

el parque

taman

el banco

bangku

el puente

jambatan

las escaleras

tangga

el subte

bawah tanah

el túnel

terowong

la parada del colectivo

hentian bas

el bar

bar

el restaurante

restoran

el buzón

peti surat

el letrero

papan tanda jalan

el parquímetro

meter parkir

el zoológico

zoo

la pileta

kolam renang

la mezquita

masjid

la granja
ladang

la contaminación
pencemaran

el cementerio
tanah perkuburan

la iglesia
gereja

los juegos infantiles
taman permainan

el templo
kuil

el paisaje
landskap

la hoja
daun

el poste indicador
tiang tanda

el camino
jalan

la pradera
padang rumput

la piedra
batu

el excursionista
pejalan kaki

el árbol
pokok

el río
sungai

la hierba
rumput

la flor
bunga

el valle

lembah

la montaña

bukit

el lago

tasik

el bosque

hutan

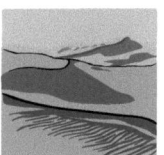

el desierto

padang pasir

el volcán

gunung berapi

el castillo

istana

el arco iris

pelangi

el champiñón

cendawan

la palmera

pokok kelapa sawit

el mosquito

nyamuk

la mosca

terbang

la hormiga

semut

la abeja

lebah

la araña

labah-labah

el escarabajo

kumbang

la rana

katak

la ardilla

tupai

el erizo

landak

la liebre

arnab

la lechuza

burung hantu

el pájaro

burung

el cisne

angsa

el jabalí

babi jantan

el ciervo

rusa

el alce

moose

la presa

empangan

el aerogenerador

turbin angin

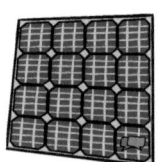

el panel solar

panel solar

el clima

iklim

el restaurante
restoran

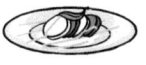

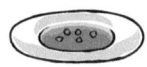

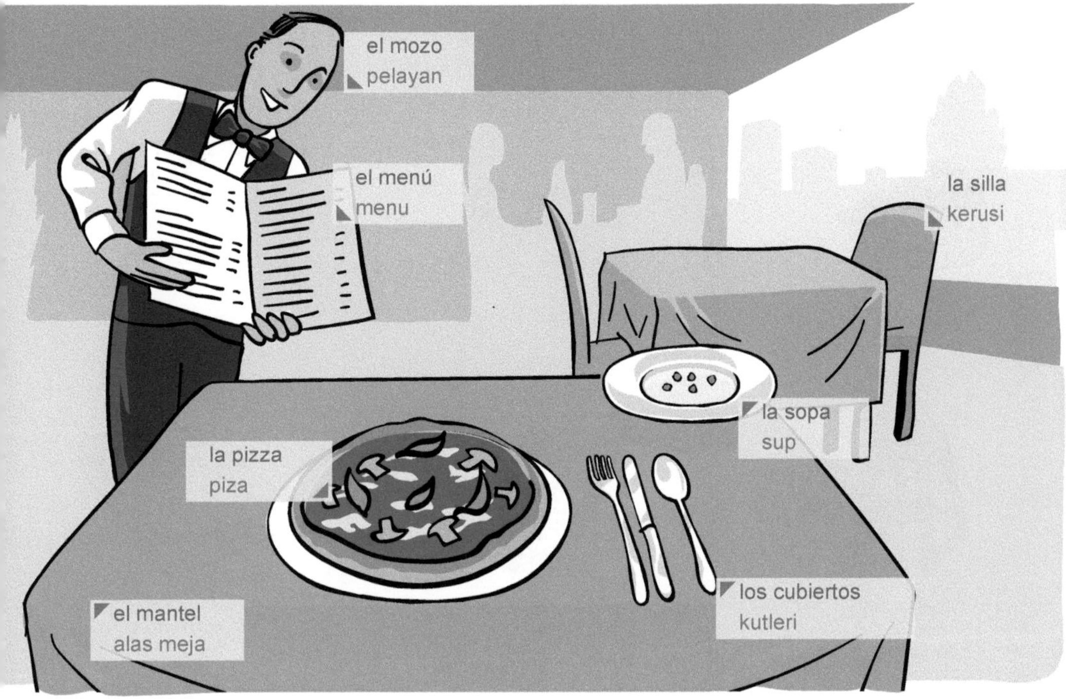

el mozo
pelayan
el menú
menu
la silla
kerusi
la sopa
sup
la pizza
piza
los cubiertos
kutleri
el mantel
alas meja

la entrada

pemula

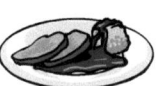

el plato principal

hidangan utama

el postre

pencuci mulut

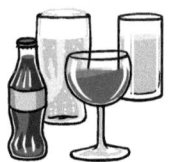

las bebidas

minuman

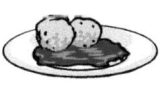

la comida

makanan

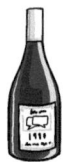

la botella

botol

la comida rápida

makanan segera

la comida callejera

makanan jalanan

la tetera

teko

la azucarera

mangkuk gula

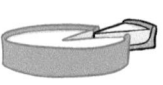

la porción

bahagian

la cafetera expreso

mesin espreso

la sillita alta

kerusi tinggi

la cuenta

bil

la bandeja

dulang

el cuchillo

pisau

el tenedor

garfu

la cuchara

sudu

la cucharita

sudu teh

la servilleta

serviette

el vaso

gelas

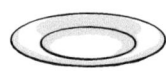

el plato

pinggan

el plato hondo

mangkuk sup

el plato

piring

la salsa

sos

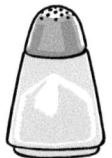

el salero

tempat garam

el molinillo de pimienta

pengisar lada

el vinagre

cuka

el aceite

minyak

las especias

rempah

el kétchup

sos

la mostaza

mustard

la mayonesa

mayones

el supermercado

pasar raya

la oferta especial
tawaran istimewa
FOR
el cliente
pelanggan
los lácteos
tenusu
la fruta
buah-buahan
el changuito
troli

BUTCHERS

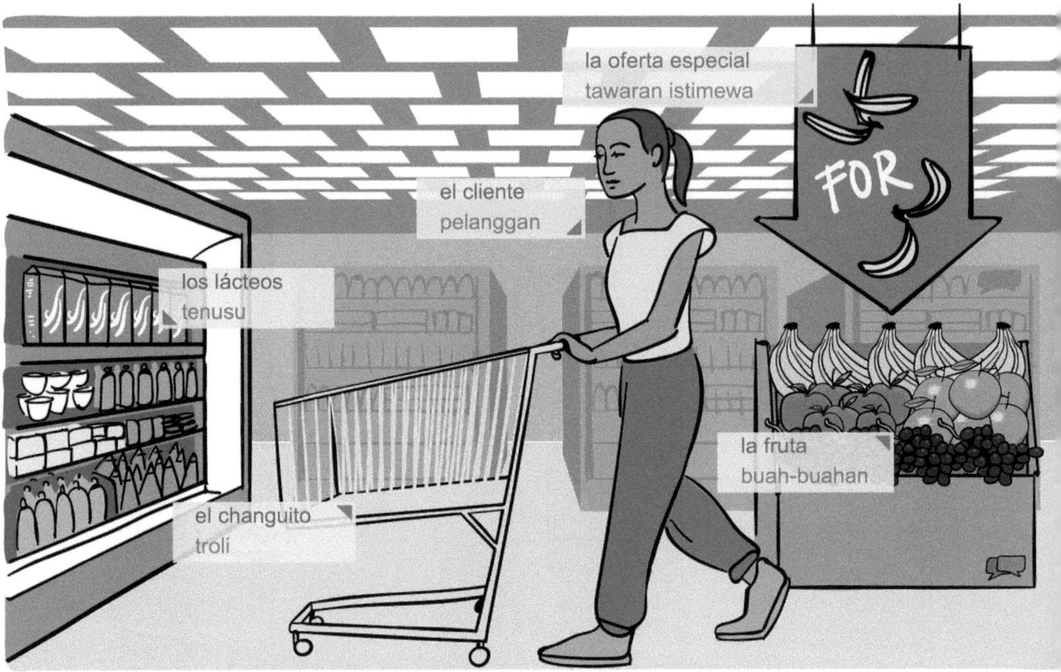

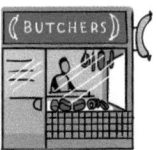

la carnicería

tukang daging

BAKERY

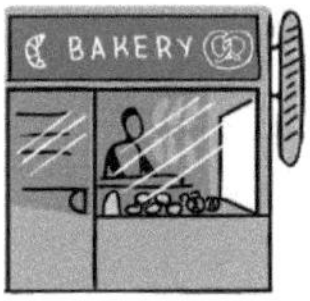

la panadería

kedai roti

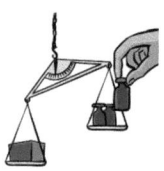

pesar

berat

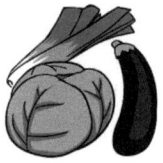

las verduras

sayur-sayuran

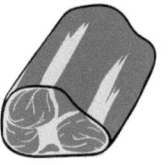

la carne

daging

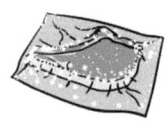

los alimentos congelados

makanan sejuk beku

los fiambres

daging sejuk

los alimentos enlatados

makanan dalam tin

el detergente en polvo

serbuk pencuci

las golosinas

gula-gula

los electrodomésticos

produk isi rumah

los productos de limpieza

produk pembersihan

la vendedora

orang jualan

la caja

daftar tunai

el cajero

juruwang

la lista de compras

senarai membeli-belah

el horario de atención

waktu pembukaan

la billetera

beg duit

la tarjeta de crédito

kad kredit

la cartera

beg

la bolsa de plástico

beg plastik

el agua

air

el jugo

jus

la leche

susu

la bebida cola

kola

el vino

wain

la cerveza

bir

el alcohol

alkohol

el cacao

koko

el té

the

el café

kopi

el café expreso

espreso

el cappuccino

kapucino

la banana

pisang

la manzana

epal

la naranja

oren

el melón

tembikai

el limón

lemon

la zanahoria

lobak merah

el ajo

bawang putih

el bambú

buluh

la cebolla

bawang

el champiñón

cendawan

las nueces

kacang

los fideos

mi

los tallarines

spageti

el arroz

nasi

la ensalada

salad

las papas fritas

kerepek

las papas fritas

kentang goreng

la pizza

piza

la hamburguesa

hamburger

el sándwich

sandwic

el churrasco

kutlet

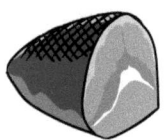

el jamón

ham

el salame

salami

la salchicha

sosej

el pollo

ayam

el asado

panggang

el pescado

ikan

los copos de avena

bubur oat

el muesli

muesli

los copos de maíz

emping jagung

la harina

tepung

la medialuna

kroisan

el pancito

roti roll

el pan

roti

la tostada

roti bakar

las galletitas

biskut

la manteca

mentega

la cuajada

dadih

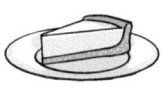

la torta

kek

el huevo

telur

el huevo frito

telur goreng

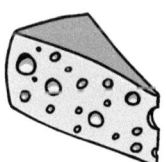

el queso

keju

el helado

ais krim

el azúcar

gula

la miel

madu

la mermelada

jem

la pasta de chocolate

krim nougat

el curry

kari

la granja
ladang

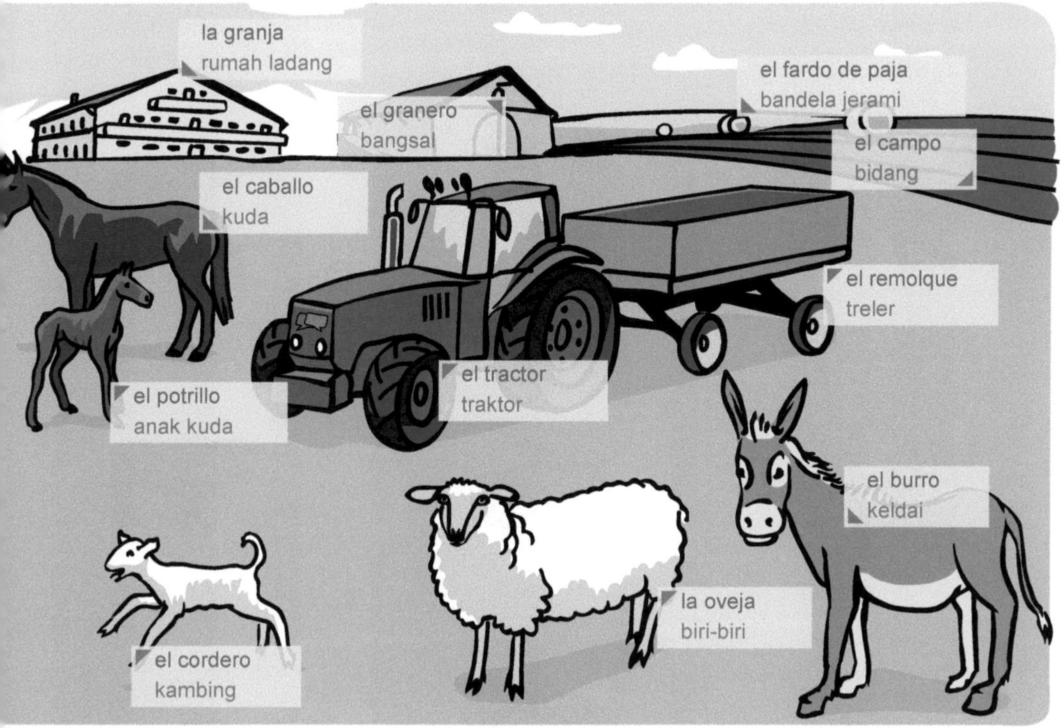

la granja
rumah ladang
el granero
bangsal
el fardo de paja
bandela jerami
el campo
bidang
el caballo
kuda
el remolque
treler
el tractor
traktor
el potrillo
anak kuda
el burro
keldai
la oveja
biri-biri
el cordero
kambing

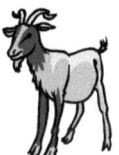

la cabra
kambing

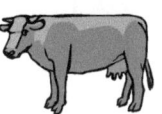

la vaca
lembu

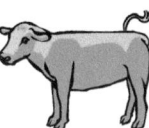

el ternero
anak lembu

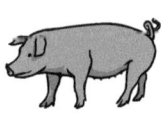

el cerdo
babi

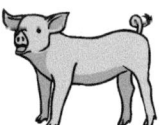

el lechón
anak babi

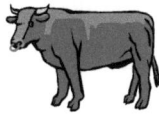

el toro
lembu

el ganso

angsa

el pato

itik

el pollo

anak ayam

la gallina

ayam betina

el gallo

ayam jantan muda

la rata

tikus

el gato

kucing

el ratón

tikus

el buey

lembu jantan

el perro

anjing

la cucha

rumah anjing

la manguera

hos taman

la regadera

bekas siraman

la guadaña

sabit

el arado

bajak

la hoz

sabit

la azada

cangkul

la horquilla

serampang peladang

el hacha

kapak

la carretilla

kereta sorong

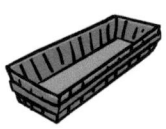

el abrevadero

palung

la lechera

tin susu

la bolsa

karung

la reja

pagar

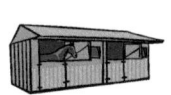

el establo

stabil

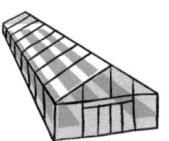

el invernadero

rumah hijau

el suelo

tanah

la semilla

benih

el fertilizador

baja

la cosechadora

jentuai

cosechar

tuai

la cosecha

menuai

las batatas

keladi

el trigo

gandum

la soja

soya

la papa

kentang

el maíz

jagung

la semilla de colza

biji sawi

el árbol frutal

pokok buah-buahan

la mandioca

ubi kayu

los cereales

bijirin

la casa
rumah

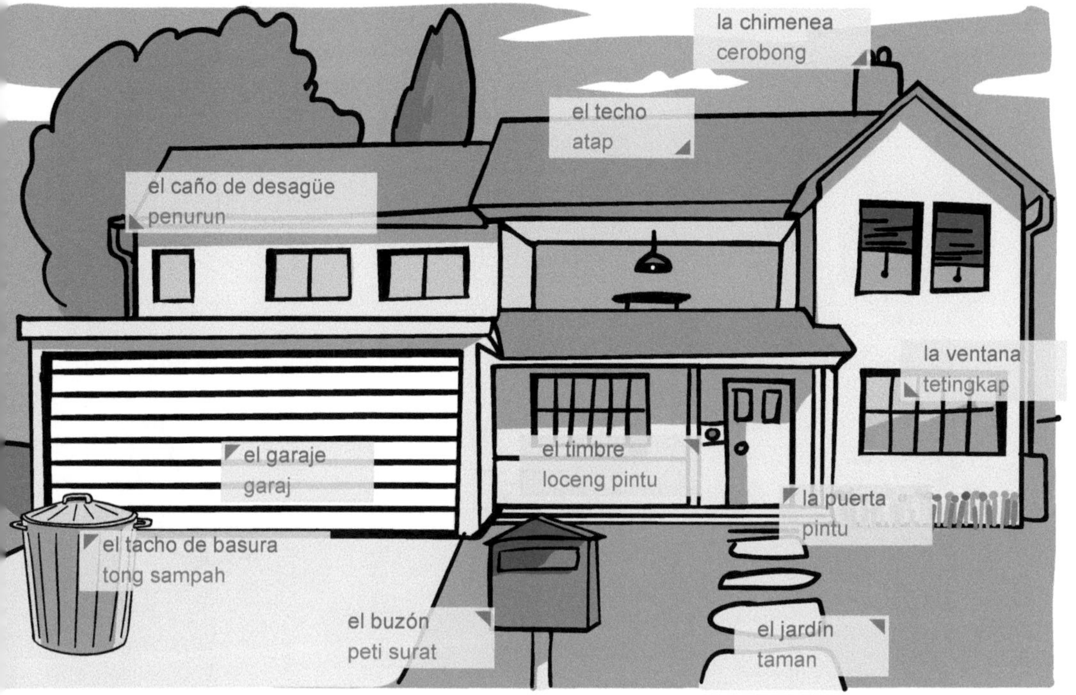

la chimenea
cerobong
el techo
atap
el caño de desagüe
penurun
la ventana
tetingkap
el garaje
garaj
el timbre
loceng pintu
la puerta
pintu
el tacho de basura
tong sampah
el buzón
peti surat
el jardín
taman

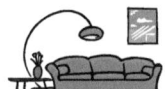

el living

ruang tamu

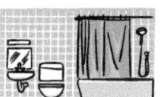

el baño

bilik air

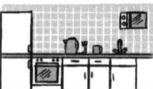

la cocina

dapur

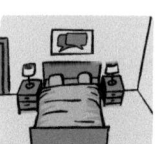

el dormitorio

bilik tidur

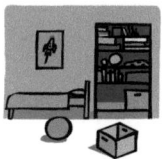

el cuarto de los chicos

bilik kanak-kanak

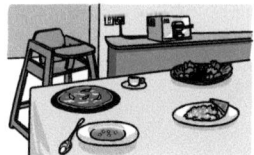

el comedor

ruang makan

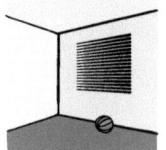

el piso

lantai

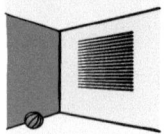

la pared

dinding

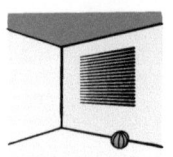

el cielorraso

siling

el sótano

bilik bawah tanah

el sauna

sauna

el balcón

balkoni

la terraza

teres

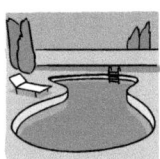

la pileta

kolam renang

la cortadora de pasto

pemotong rumput

la sábana

lembaran

el acolchado

penutup tilam

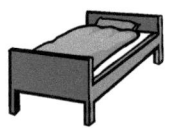

la cama

katil

la escoba

penyapu

el balde

timba

el interruptor

suis

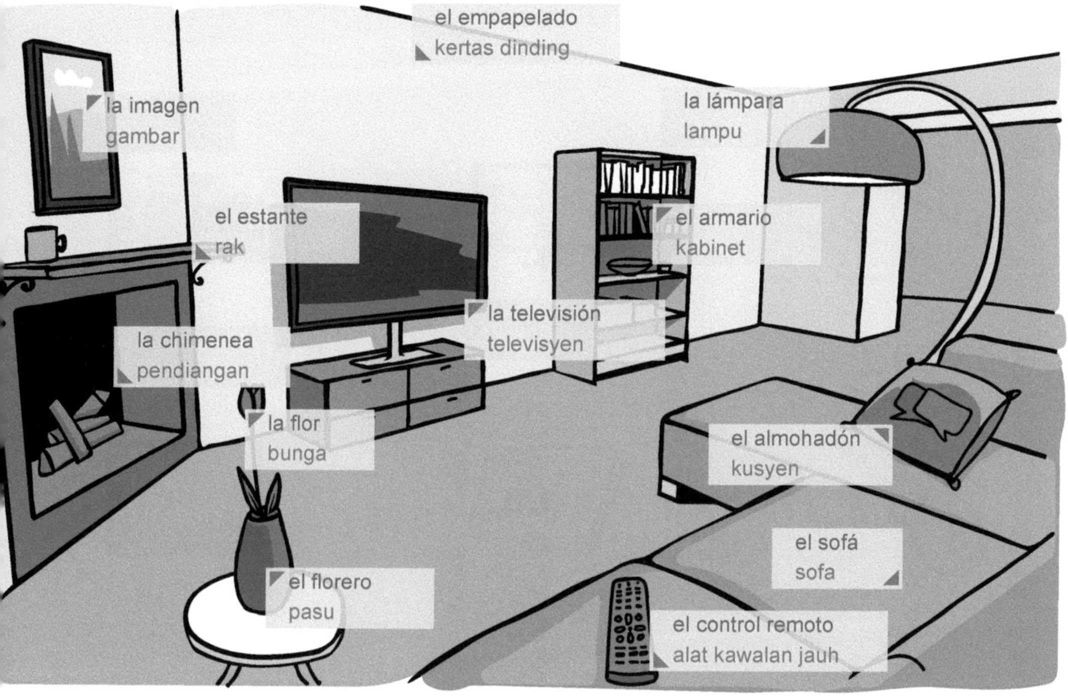

el empapelado
kertas dinding

la imagen
gambar

la lámpara
lampu

el estante
rak

el armario
kabinet

la chimenea
pendiangan

la televisión
televisyen

la flor
bunga

el almohadón
kusyen

el sofá
sofa

el florero
pasu

el control remoto
alat kawalan jauh

la alfombra

permaidani

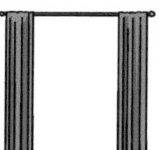

la cortina

tirai

la mesa

meja

la silla

kerusi

la mecedora

kerusi malas

el sillón

kerusi

el libro

buku

la frazada

selimut

la decoración

hiasan

la leña

kayu api

la película

filem

el equipo de música

hi-fi

la llave

kunci

el diario

akhbar

la pintura

lukisan

el póster

poster

la radio

radio

el cuaderno

buku catatan

la aspiradora

penyedut habuk

el cactus

kaktus

la vela

lilin

la cocina
dapur

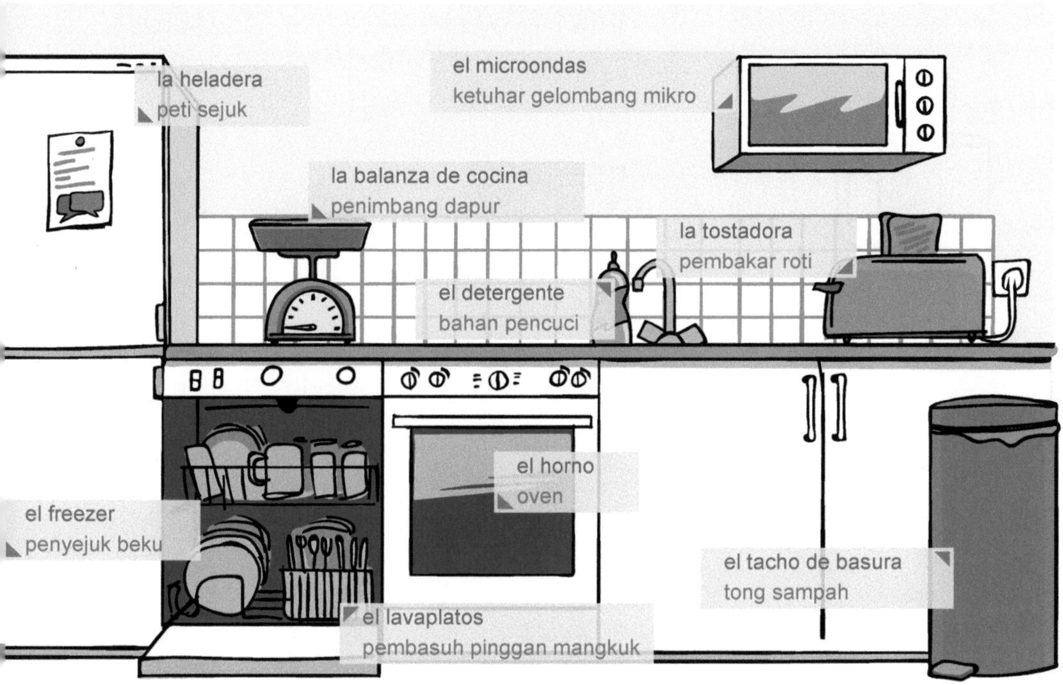
la heladera
peti sejuk
el microondas
ketuhar gelombang mikro
la balanza de cocina
penimbang dapur
la tostadora
pembakar roti
el detergente
bahan pencuci
el horno
oven
el freezer
penyejuk beku
el tacho de basura
tong sampah
el lavaplatos
pembasuh pinggan mangkuk

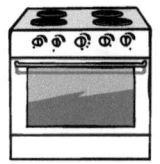

la cocina
periuk dapur

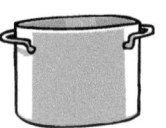

la olla
periuk

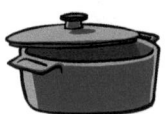

la olla de hierro fundido
periuk besi

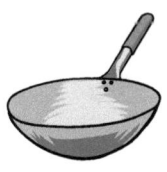

el wok
kuali

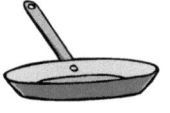

la sartén
pan

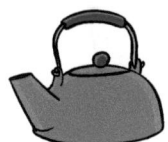

la pava
cerek

la vaporera

pengukus

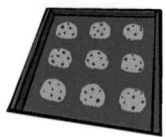

la bandeja de horno

dulang pembakar

la vajilla

pinggan mangkuk

la taza

koleh

el bol

mangkuk

los palitos

penyepit

el cucharón

senduk

la espátula

spatula

la batidora

pengadun

el colador

penapis

el colador

ayak

el rallador

pemarut

el mortero

mortar

la parrilla

barbeku

la fogata

pembakaran terbuka

la tabla de picar

papan pencincang

el palo de amasar

pin golekan

el sacacorchos

skru gabus

la lata

tin

el abrelatas

pembuka tin

la manopla

pemegang periuk

la pileta

sinki

el cepillo

berus

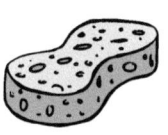

la esponja

span

la batidora

pengisar

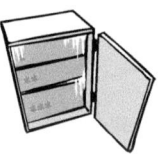

el congelador

penyejuk beku

la mamadera

botol bayi

la canilla

paip

el baño

bilik air

la calefacción
pemanasan
la ducha
mandi
la toalla
tuala
la cortina de la ducha
tirai mandi
el baño de espuma
mandi buih
la bañadera
tab mandi
el vaso
gelas
el lavarropas
mesin basuh
la canilla
paip
las baldosas
jubin
la pelela
tandas
la pileta
sinki

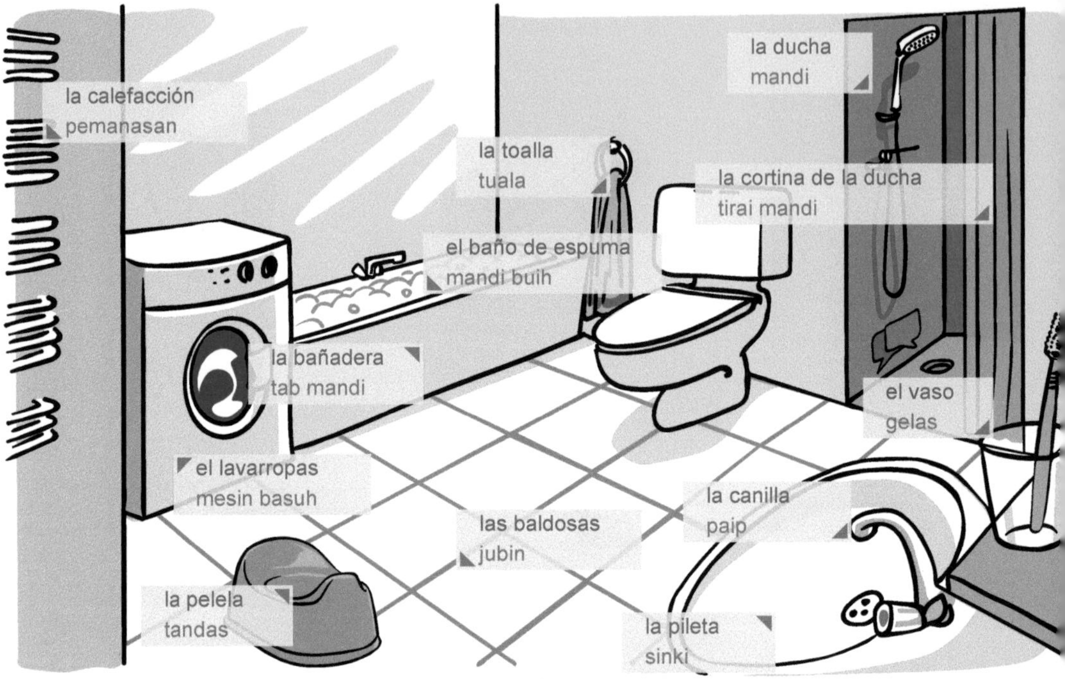

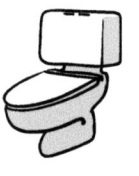

el inodoro

tandas

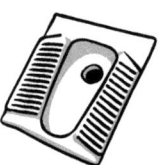

la letrina

tandas mencangkung

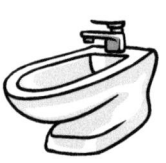

el bidé

mangkuk tandas

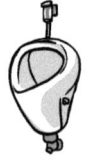

el mingitorio

tandas awam

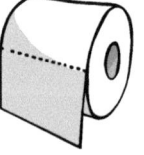

el papel higiénico

kertas tandas

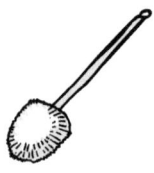

el cepillo para el inodoro

berus tandas

el cepillo de dientes

berus gigi

el dentífrico

ubat gigi

el hilo dental

flos gigi

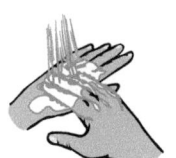

lavar

cuci

la ducha de mano

mandian tangan

la ducha higiénica

pancuran

la palangana

besen

el cepillo para la espalda

belakang berus

el jabón

sabun

el gel de ducha

gel mandian

el shampoo

syampu

la toallita

flanel

el desagüe

longkang

la crema

krim

el desodorante

deodoran

el espejo

cermin

el espejito

cermin tangan

la maquinita de afeitar

pisau cukur

la espuma de afeitar

busa cukur

el aftershave

selepas cukur

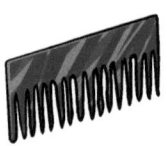

el peine

sikat

el cepillo

berus

el secador de pelo

pengering rambut

el spray

semburan rambut

el maquillaje

mekap

el lápiz de labios

gincu

el esmalte para uñas

varnis kuku

el algodón

bulu kapas

la tijera para uñas

gunting kuku

el perfume

pewangi

el portacosméticos

beg basuhan

la banqueta

bangku

la balanza

skala berat

la bata

jubah mandi

los guantes de goma

sarung tangan getah

el tampón

kapas

la toallita femenina

tuala wanita

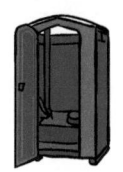

el baño químico

tandas kimia

el cuarto de los chicos

bilik kanak-kanak

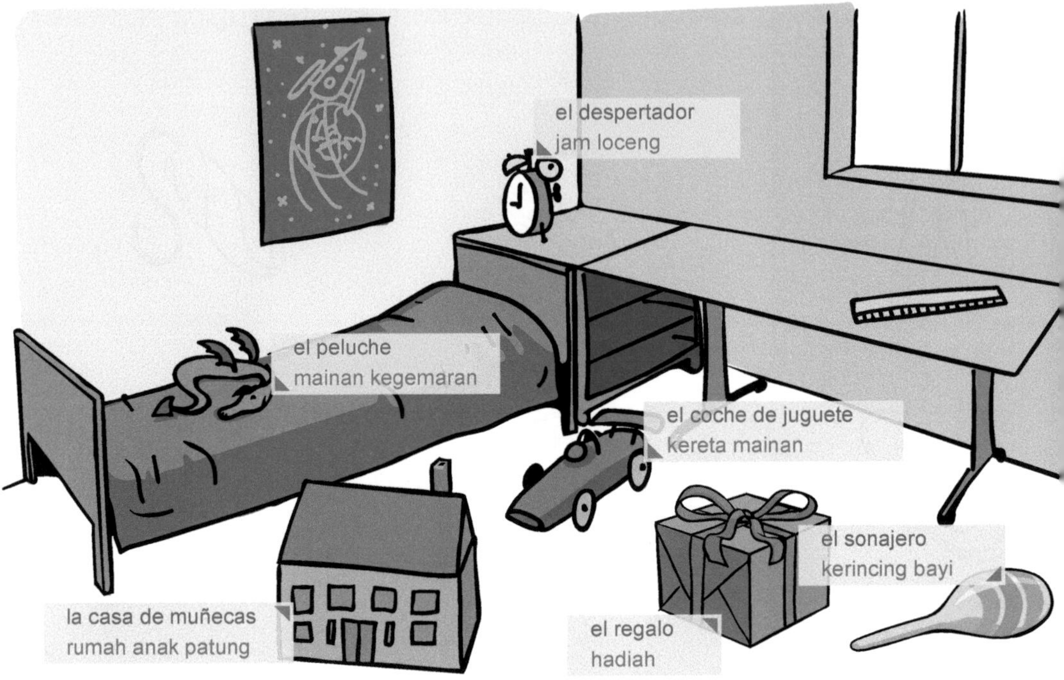

el despertador
jam loceng
el peluche
mainan kegemaran
el coche de juguete
kereta mainan
el sonajero
kerincing bayi
la casa de muñecas
rumah anak patung
el regalo
hadiah

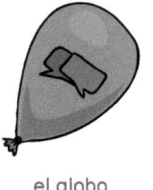

el globo

belon

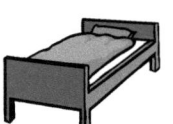

la cama

katil

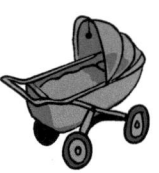

el cochecito

kereta sorong bayi

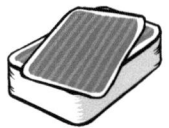

las cartas

set kad

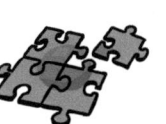

el rompecabezas

susun suai gambar

SUPER
MEGA

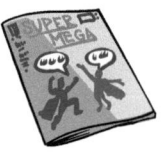

la historieta

komik

las piezas de lego

batu bata lego

los ladrillos de juguete

blok mainan

la figura de acción

figura aksi

el enterito (de bebé)

baju bayi

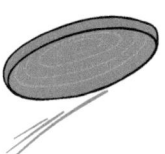

el frisbee

frisbee

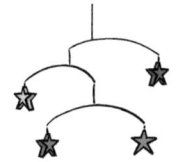

el móvil para bebés

mainan bayi mudah alih

el juego de mesa

permainan papan

los dados

dadu

el tren eléctrico

set model kereta api

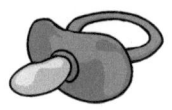

el chupete

palsu

la fiesta

parti

el libro de cuentos ilustrado

buku bergambar

la pelota

bola

la muñeca

anak patung

jugar

main

el arenero

lubang pasir

la hamaca

buai

los juguetes

mainan

la consola de videojuegos

konsol permainan video

el triciclo

basikal roda tiga

el osito de peluche

anak patung beruang

el armario

almari pakaian

la ropa

pakaian

las medias

stoking

las medias panty

stoking

las calzas

ketat

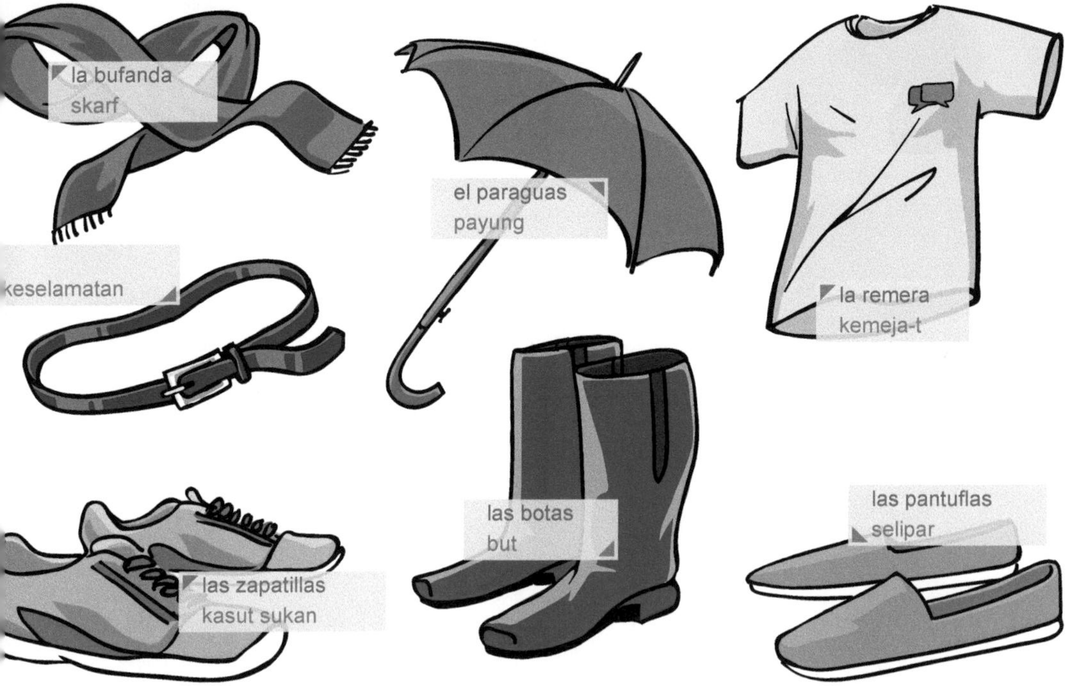

la bufanda
skarf

el paraguas
payung

la remera
kemeja-t

keselamatan

las botas
but

las pantuflas
selipar

las zapatillas
kasut sukan

las sandalias
sandal

los zapatos
kasut

las botas de goma
but getah

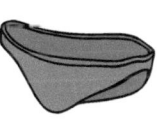
la ropa interior
seluar dalam

el corpiño
coli

el chaleco
ves

el body

badan

los pantalones

Seluar panjang

los jeans

jean

la pollera

skirt

la blusa

blaus

la camisa

kemeja

el pulóver

baju panas sarung

el buzo

sweater

el blazer

blazer

la campera

jaket

el tapado

kot

el piloto

baju hujan

el traje

kostum

el vestido

pakaian

el vestido de novia

baju pengantin

el traje
sut

el camisón
baju tidur

el pijama
baju tidur

el sari
sari

el pañuelo para la cabeza
skarf kepala

el turbante
serban

la burka
burqa

el caftán
kaftan

la abaya
abaya/jubah

el traje de baño
baju renang

el short de baño
seluar renang

los shorts
seluar pendek

el jogging
sut balapan

el delantal
apron

los guantes
sarung tangan

el botón

butang

los anteojos

cermin mata

la pulsera

gelang tangan

el collar

rantai leher

el anillo

cincin

el aro

subang

la gorra

topi

la percha

penyangkut kot

el sombrero

topi

la corbata

tali leher

el cierre

zip

el casco

topi keledar

los tiradores

pendakap

el uniforme escolar

uniform sekolah

el uniforme

seragam

el babero
lapik dada

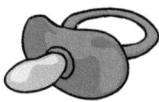

el chupete
palsu

el pañal
lampin

la oficina
pejabat

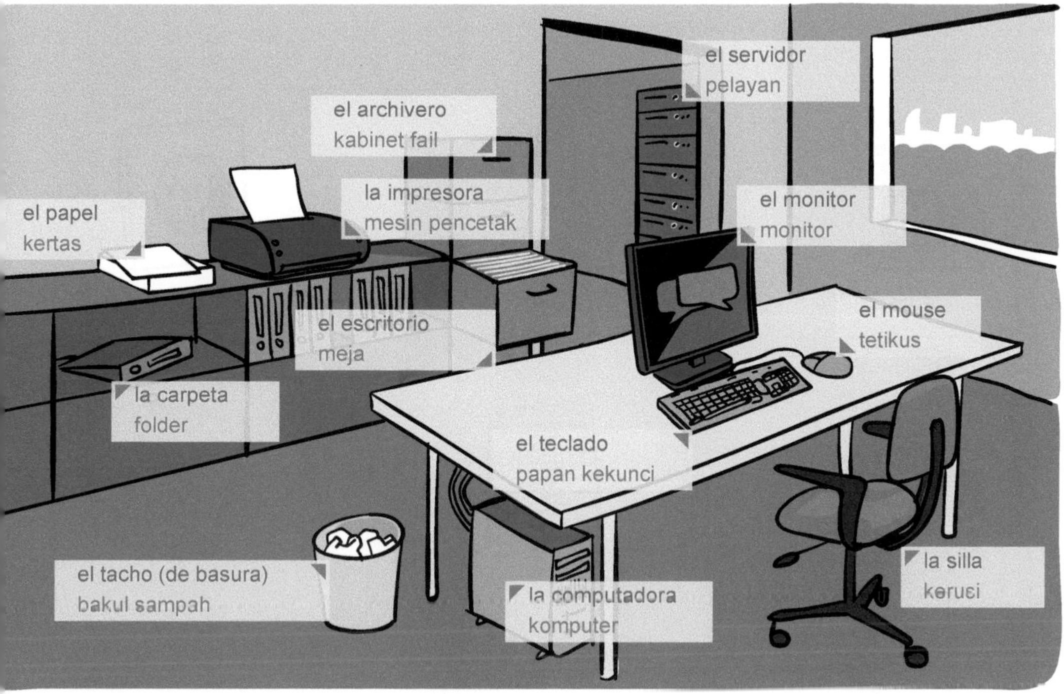

el servidor
pelayan

el archivero
kabinet fail

la impresora
mesin pencetak

el papel
kertas

el monitor
monitor

el escritorio
meja

el mouse
tetikus

la carpeta
folder

el teclado
papan kekunci

el tacho (de basura)
bakul sampah

la computadora
komputer

la silla
kerusi

la taza de café
cawan kopi

la calculadora
kalkulator

el internet
internet

la laptop

komputer riba

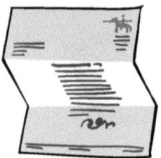

la carta

surat

el mensaje

mesej

el celular

mudah alih

la red

rangkaian

la fotocopiadora

mesin fotokopi

el software

perisian

el teléfono

telefon

el tomacorriente

soket plag

el fax

mesin faks

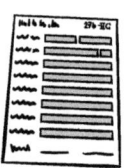

el formulario

bentuk

el documento

dokumen

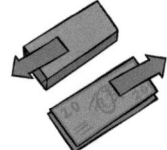

comprar

beli

pagar

bayar

hacer negocios

berdagang

el dinero

wang

el dólar

dolar

el euro

euro

el yen

yen

el rublo

rubel

el franco suizo

franc swiss

el yuan

renminbi yuan

la rupia

rupee

el cajero automático

mata tunai

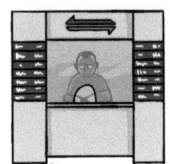

la casa de cambio

pejabat tukaran mata wang

el oro

emas

la plata

perak

el petróleo

minyak

la energía

tenaga

el precio

harga

el contrato

kontrak

el impuesto

cukai

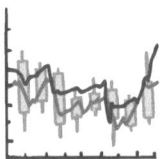

la acción

stok

trabajar

kerja

el empleado

pekerja

el empleador

majikan

la fábrica

kilang

el negocio

kedai

las ocupaciones
pekerjaan

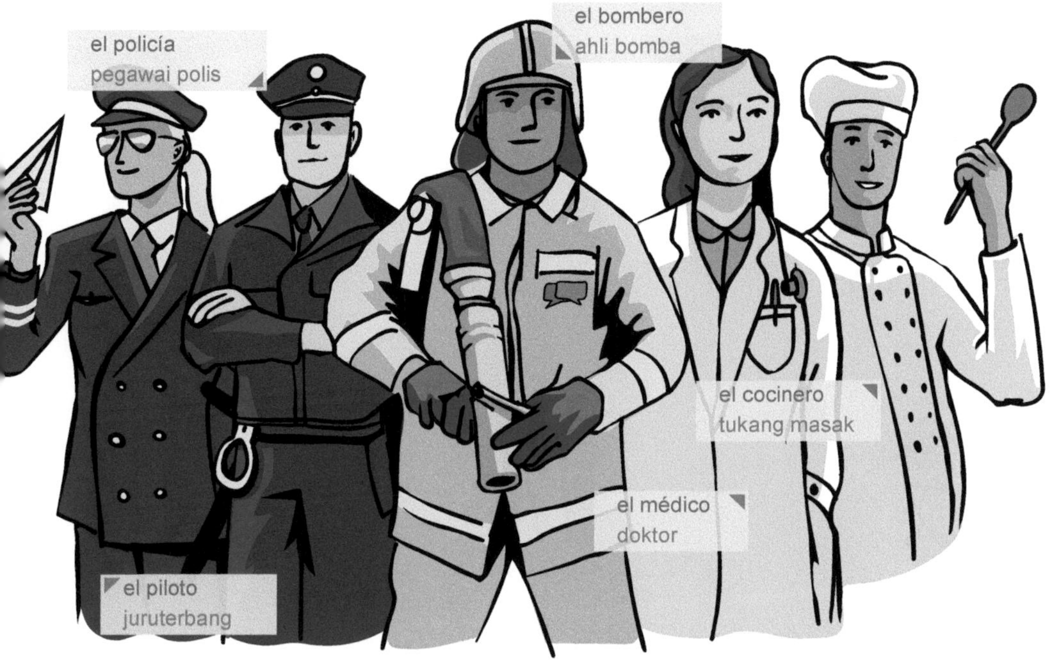
el policía
pegawai polis
el bombero
ahli bomba
el cocinero
tukang masak
el médico
doktor
el piloto
juruterbang

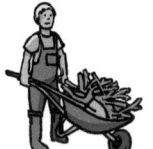

el jardinero
tukang kebun

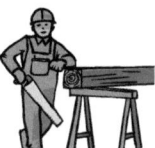

el carpintero
tukang kayu

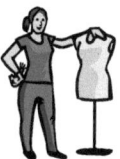

la modista
tukang jahit

el juez
hakim

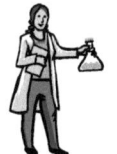

el farmacéutico
ahli kimia

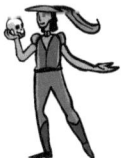

el actor
pelakon

el colectivero

pemandu bas

el taxista

pemandu teksi

el pescador

nelayan

la mucama

wanita pencuci

el techista

kasau

el mozo

pelayan

el cazador

pemburu

el pintor

pelukis

el panadero

bakeri

el electricista

juruelektrik

el albañil

pembangun

el ingeniero

jurutera

el carnicero

penjual daging

el plomero

tukang paip

el cartero

posmen

el soldado

askar

el arquitecto

arkitek

el cajero

juruwang

el florista

kedai bunga

el peluquero

pendandan rambut

el cobrador

konduktor

el mecánico

mekanik

el capitán

kapten

el dentista

doktor gigi

el científico

ahli sains

el rabino

luhanku

el imán

imam

el monje

sami

el sacerdote

paderi

las herramientas

alat

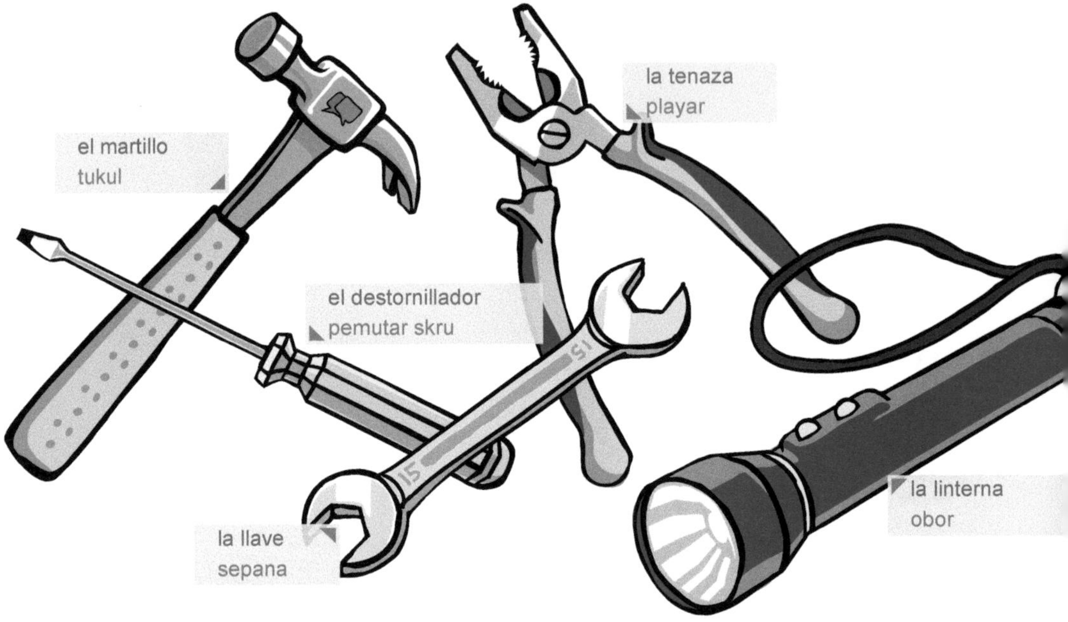

el martillo
tukul
la tenaza
playar
el destornillador
pemutar skru
la llave
sepana
la linterna
obor

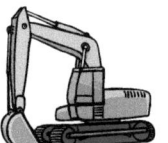

la excavadora

pengorek

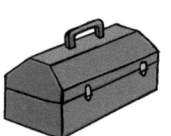

la caja de herramientas

kotak peralatan

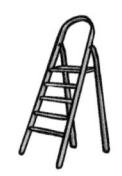

la escalera portátil

tangga

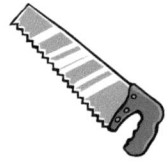

la sierra

gergaji

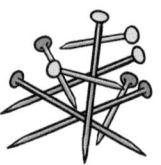

los clavos

kuku

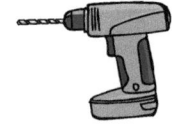

el taladro

gerudi

arreglar

baiki

la pala de jardín

penyodok

¡Qué bronca!

Celaka!

la pala de plástico

penadah sampah

el tacho de pintura

periuk cat

los tornillos

skru

los instrumentos musicales
alat muzik

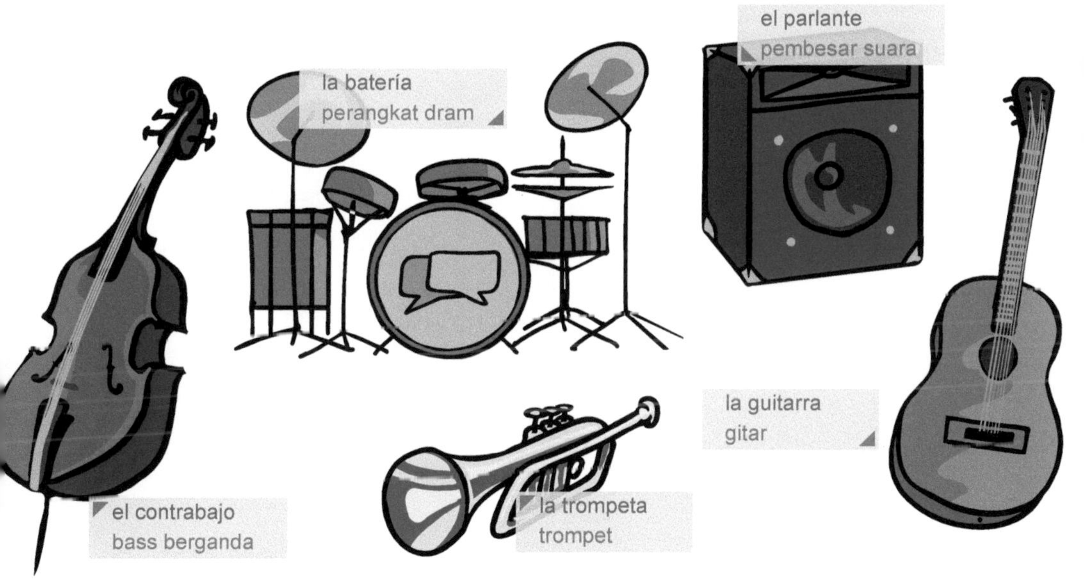

el parlante
pembesar suara

la batería
perangkat dram

la guitarra
gitar

el contrabajo
bass berganda

la trompeta
trompet

el piano

piano

el violín

biola

el bajo

bass

los timbales

timpani

el tambor

dram

el teclado

papan kekunci

el saxofón

saksofon

la flauta

seruling

el micrófono

mikrofon

el zoológico

zoo

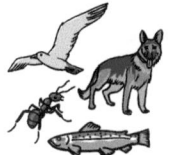

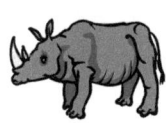

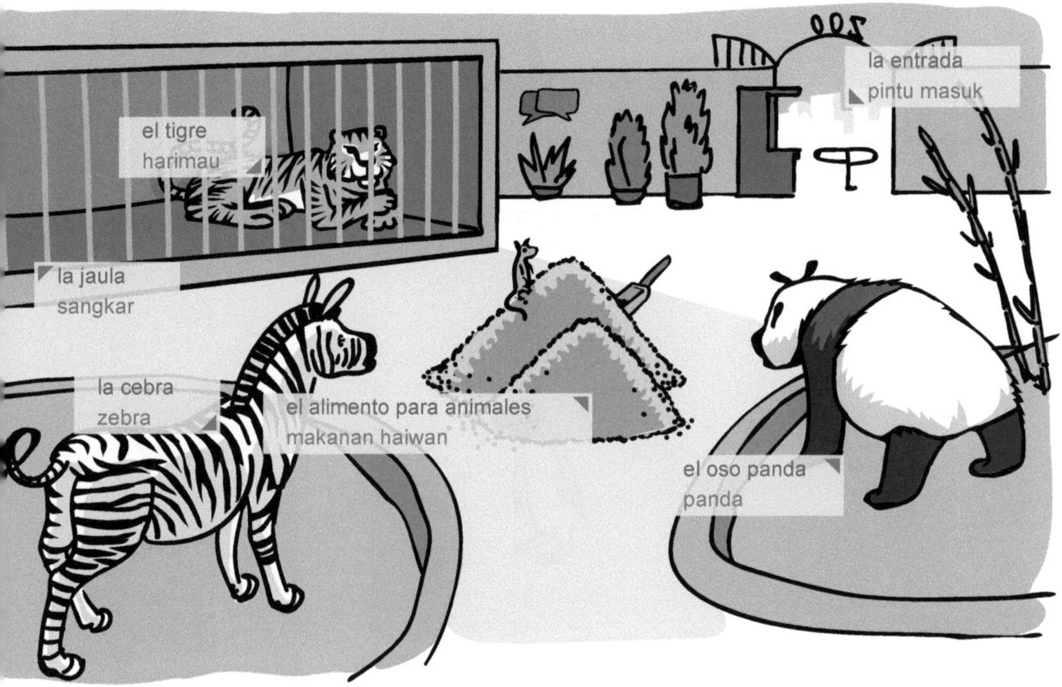

la entrada
pintu masuk
el tigre
harimau
la jaula
sangkar
la cebra
zebra
el alimento para animales
makanan haiwan
el oso panda
panda

los animales

haiwan

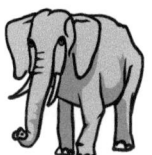

el elefante

gajah

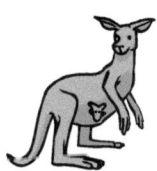

el canguro

kanggaru

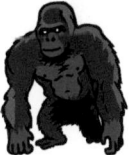

el rinoceronte

badak sumbu

el gorila

gorila

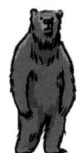

el oso

beruang

el camello

unta

el avestruz

burung unta

el león

singa

el mono

monyet

el flamenco

flamingo

el loro

nuri

el oso polar

beruang kutub

el pingüino

penguin

el tiburón

yu

el pavo real

merak

la serpiente

ular

el cocodrilo

buaya

el cuidador del zoológico

penjaga zoo

la foca

anjing laut

el jaguar

jaguar

el poni

kuda

el leopardo

harimau

el hipopótamo

badak air

la jirafa

zirafah

el águila

helang

el jabalí

babi jantan

el pescado

ikan

la tortuga

penyu

la morsa

anjing laut

el zorro

musang

la gacela

rusa

el fútbol americano
bola sepak Amerika

el ciclismo
berbasikal

el tenis
tenis

el básquet
bola keranjang

la natación
renang

el boxeo
tinju

el hockey sobre hielo
hoki ais

el fútbol
bola sepak

el bádminton
badminton

el atletismo
olahraga

el handball
bola baling

el esquí
ski

el polo
polo

las actividades

aktiviti

saltar
lompat
abrazar
peluk
reír
ketawa
caminar
berjalan
cantar
menyanyi
soñar
mimpi
rezar
berdoa
besar
cium

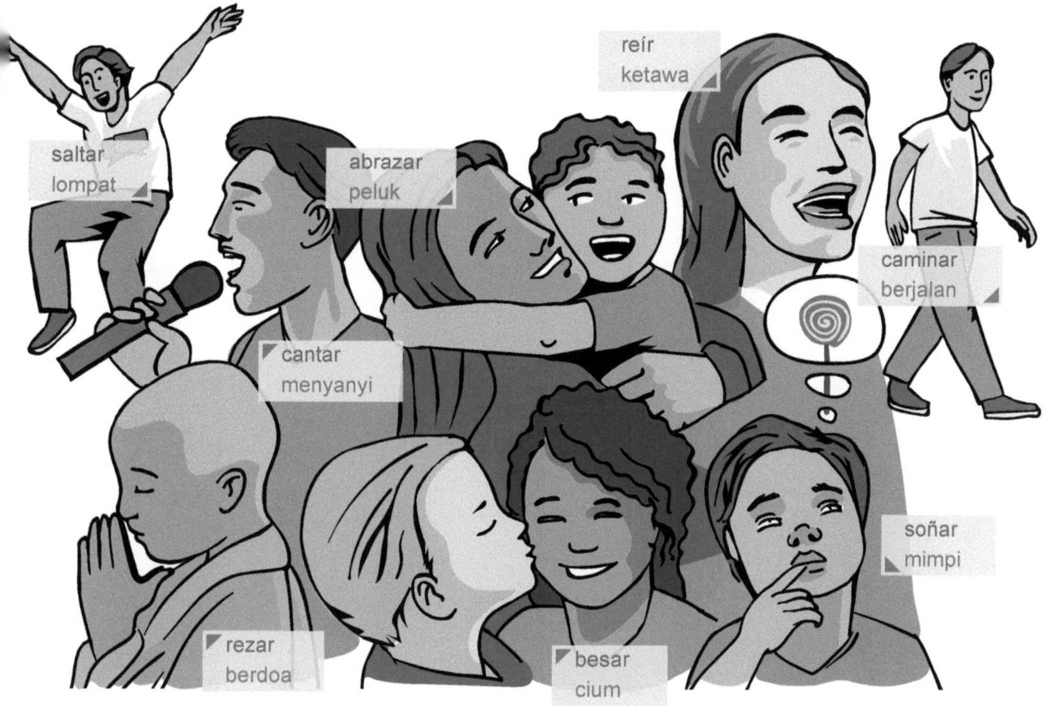

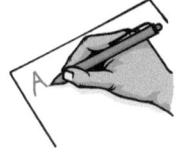

escribir

tulis

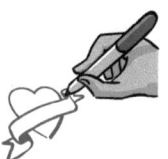

dibujar

lukis

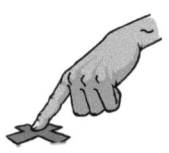

mostrar

tunjuk

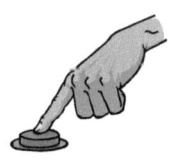

presionar

tolak

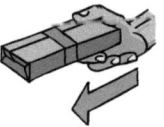

dar

beri

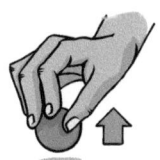

tomar

ambil

tener

ada

hacer

buat

ser

ialah

estar parado

berdiri

correr

lari

tirar

tarik

tirar

buang

caer

jatuh

estar acostado

tipu

esperar

tunggu

llevar

bawa

estar sentado

duduk

vestirse

pakai

dormir

tidur

despertar

bangkit

mirar

lihat pada

llorar

menangis

acariciar

strok

peinar

sikat

hablar

cakap

entender

faham

preguntar

tanya

escuchar

dengar

beber

minum

comer

makan

ordenar

mengemas

amar

sayang

cocinar

masak

manejar

pandu

volar

terbang

navegar

belayar

calcular

kira

leer

baca

aprender

belajar

trabajar

kerja

casarse

nikah

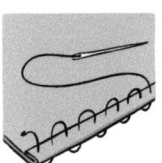

coser

jahit

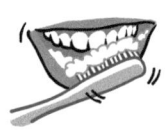

cepillarse los dientes

memberus gigi

matar

bunuh

fumar

asap

enviar

hantar

la familia
keluarga

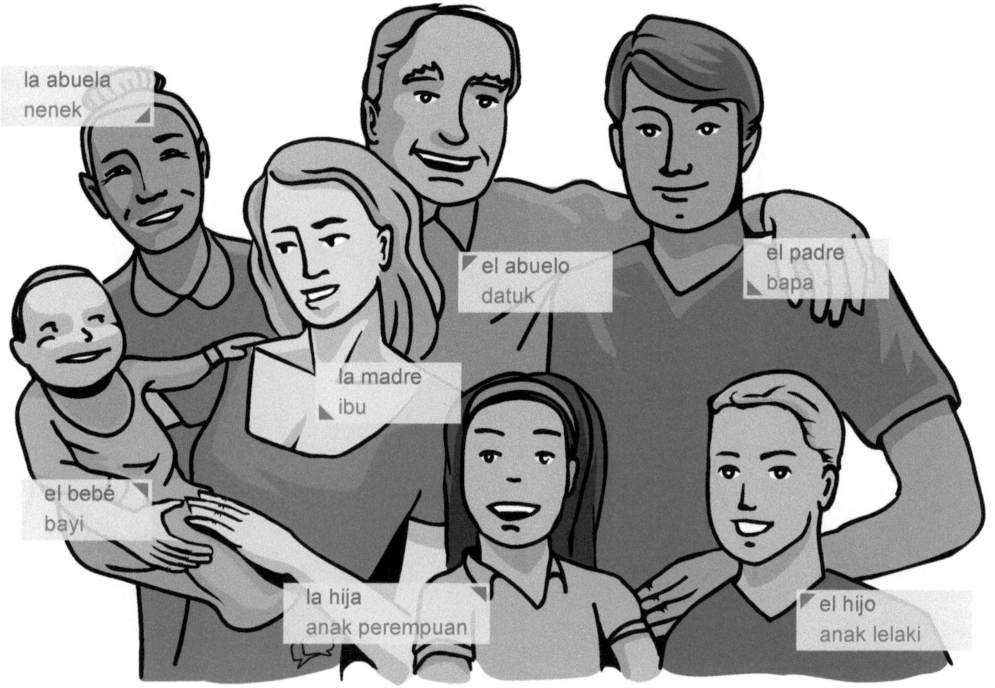
la abuela
nenek
el abuelo
datuk
el padre
bapa
la madre
ibu
el bebé
bayi
la hija
anak perempuan
el hijo
anak lelaki

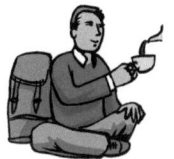

el invitado

tetamu

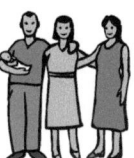

la tía

mak cik

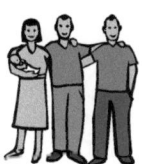

el tío

pak cik

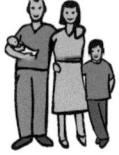

el hermano

abang

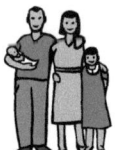

la hermana

kakak

el cuerpo

badan

la frente
dahi
el ojo
mata
el hombro
bahu
el dedo
jari
la cara
muka
la pera
dagu
la mano
tangan
la pierna
kaki
el pecho
dada
el brazo
lengan

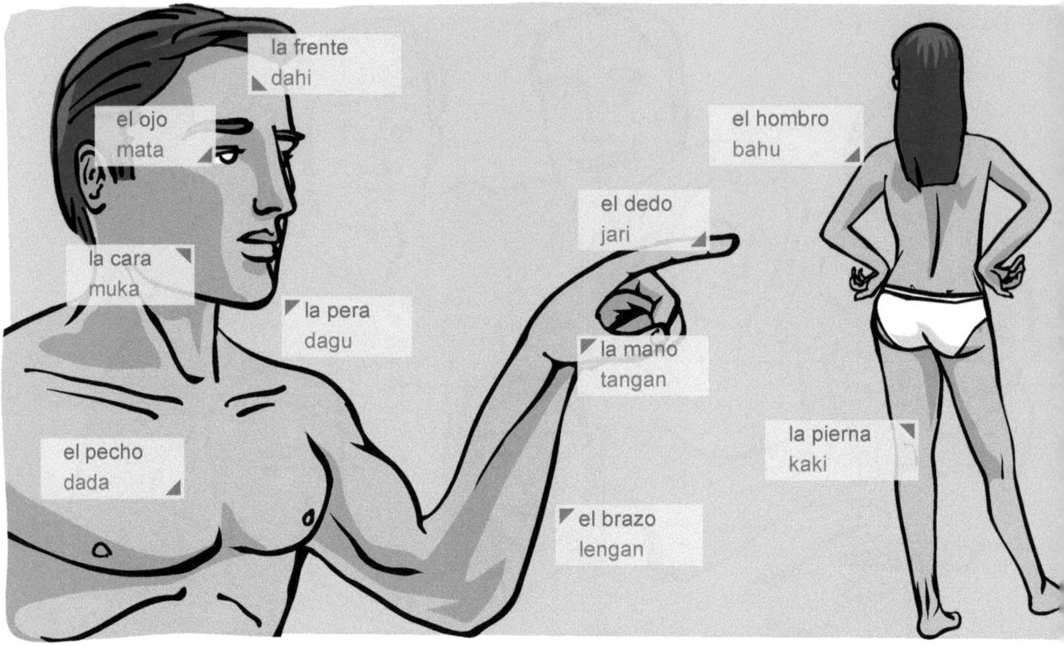

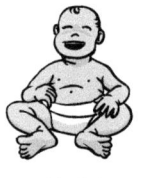

el bebé

bayi

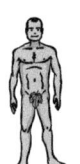

el hombre

lelaki

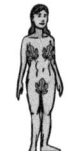

la mujer

wanita

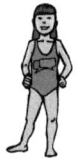

la nena

perempuan

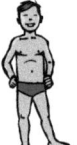

el nene

lelaki

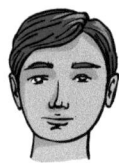

la cabeza

kepala

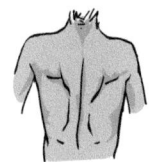

la espalda

belakang

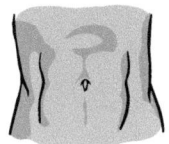

la panza

bawah perut

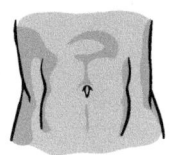

el ombligo

pusat

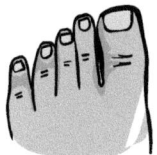

el dedo del pie

jari kaki

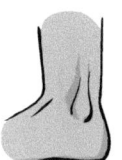

el talón

tumit

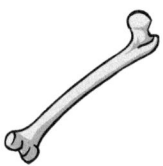

el hueso

tulang

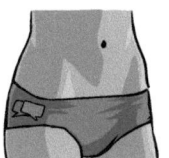

la cadera

pinggul

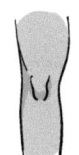

la rodilla

lutut

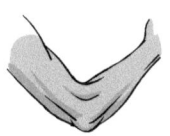

el codo

siku

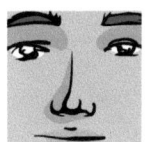

la nariz

hidung

la cola

bawah

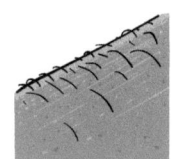

la piel

kulit

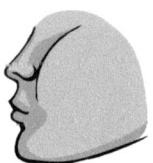

el cachete

pipi

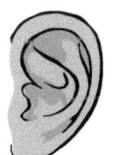

la oreja

telinga

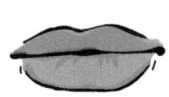

el labio

bibir

la boca

mulut

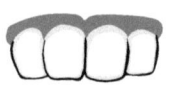

el diente

gigi

la lengua

lidah

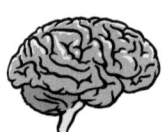

el cerebro

otak

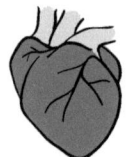

el corazón

hati

el músculo

otot

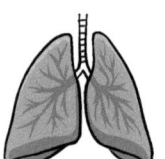

el pulmón

paru-paru

el hígado

hati

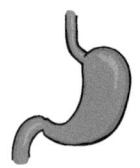

el estómago

perut

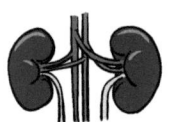

los riñones

buah pinggang

el sexo

seks

el preservativo

kondom

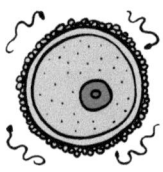

el óvulo

faraj

el semen

mani

el embarazo

mengandung

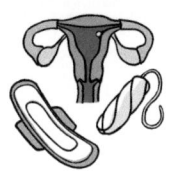

la menstruación
·····················
haid

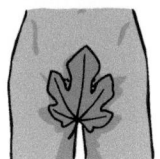

la vagina
·····················
faraj

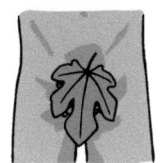

el pene
·····················
penis

la ceja
·····················
kening

el pelo
·····················
rambut

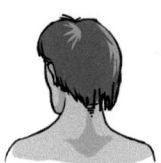

el cuello
·····················
leher

el hospital
hospital

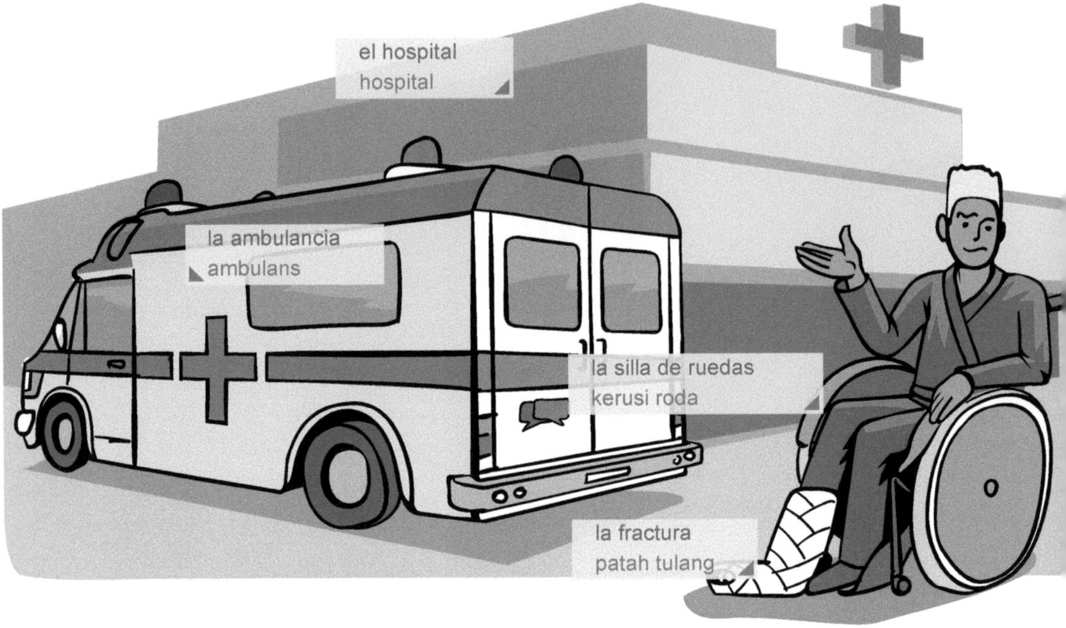

el hospital
hospital
la ambulancia
ambulans
la silla de ruedas
kerusi roda
la fractura
patah tulang

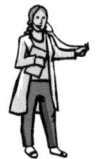

el médico

doktor

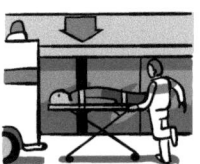

la sala de guardia

bilik kecemasan

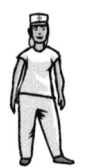

la enfermera

jururawat

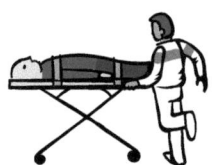

la emergencia

kecemasan

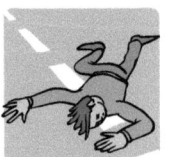

inconsciente

tak sedar

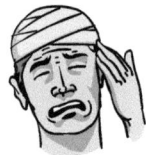

el dolor

sakit

la lesión
kecederaan

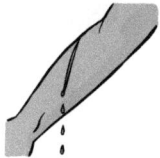

la hemorragia
pendarahan

el infarto
serangan jantung

el ACV
strok

la alergia
alergi

la tos
batuk

la fiebre
demam

la gripe
selesema

la diarrea
cirit-birit

el dolor de cabeza
sakit kepala

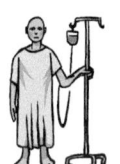

el cáncer
kanser

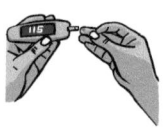

la diabetes
diabetes

el cirujano
pakar bedah

el bisturí
pisau bedah

la operación
pembedahan

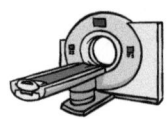

la TC

CT

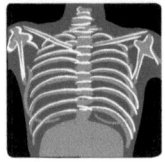

los rayos x

x-ray

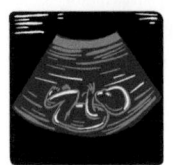

la ecografía

ultrabunyi

el barbijo

topeng muka

la enfermedad

penyakit

la sala de espera

bilik menunggu

la muleta

penongkat

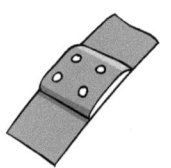

la curita

plaster

la venda

pembalut

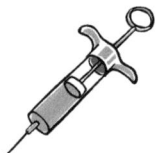

la inyección

suntikan

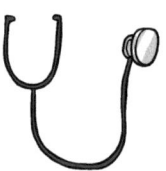

el estetoscopio

stetoskop

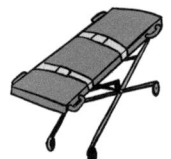

la camilla

pengusung

el termómetro

termometer klinik

el nacimiento

kelahiran

el sobrepeso

berat badan berlebihan

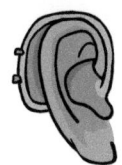

el audífono

alat pendengaran

el desinfectante

disinfektan

la infección

jangkitan

el virus

virus

el VIH / SIDA

HIV / AIDS

el remedio

perubatan

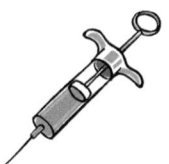

la vacunación

vaksinasi

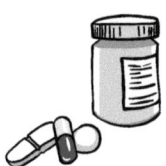

los comprimidos

tablet

la pastilla anticonceptiva

pil

a llamada de emergencia

panggilan kecemasan

el tensiómetro

pantau tekanan darah

enfermo / sano

sakit / sihat

¡Ayuda!

Tolong!

la alarma

penggera

la agresión

serang

el ataque

serangan

el peligro

bahaya

la salida de emergencia

pintu kecemasan

¡Fuego!

Api!

el matafuego

alat pemadam api

el accidente

kemalangan

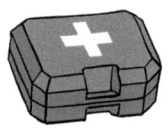

el botiquín de primeros auxilios

alat pertolongan cemas

el SOS

SOS

la policía

polis

Europa

Eropah

América del Norte

Amerika Utara

América del Sur

Amerika Selatan

África

Afrika

Asia

Asia

Australia

Australia

el Atlántico

Atlantic

el Pacífico

Pasifik

el Océano Índico

Lautan Hindi

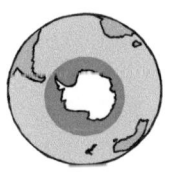

el Océano Antártico

Lautan Antartik

el Océano Ártico

Lautan Artik

el polo norte

Kutub utara

el polo sur

Kutub Selatan

la Antártida

Antartika

la Tierra

bumi

la tierra

tanah

el mar

laut

la isla

pulau

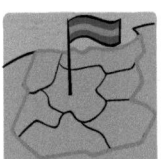

la nación

negara

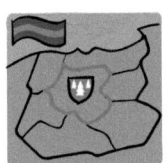

el estado

negeri

la esfera

muka jam

la manecilla de las horas

tangan jam

el minutero

tangan minit

el segundero

terpakai

¿Qué hora es?

Jam berapa sekarang

el día

hari

la hora

masa

ahora

sekarang

el reloj digital

jam digital

el minuto

minit

la hora

jam

la semana
minggu

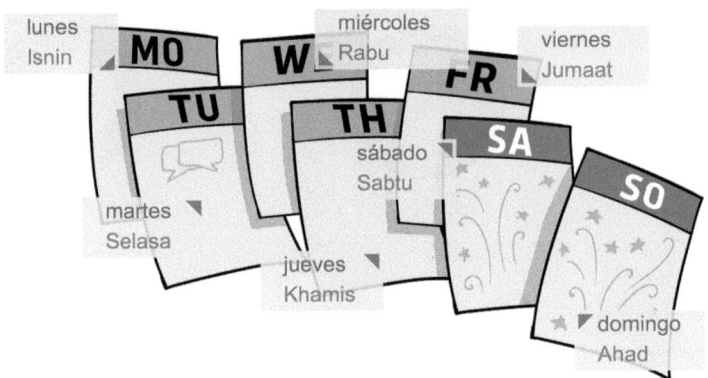

lunes
Isnin

miércoles
Rabu

viernes
Jumaat

martes
Selasa

jueves
Khamis

sábado
Sabtu

domingo
Ahad

ayer

semalam

hoy

hari ini

mañana

esok

la mañana

pagi

el mediodía

tengah hari

la tarde

petang

MO	TU	WE	TH	FR	SA	SU
1	2	3	4	5	6	7
8	9	10	11	12	13	14
15	16	17	18	19	20	21
22	23	24	25	26	27	28
29	30	31	1	2	3	4

los días hábiles

hari kerja

MO	TU	WE	TH	FR	SA	SU
1	2	3	4	5	6	7
8	9	10	11	12	13	14
15	16	17	18	19	20	21
22	23	24	25	26	27	28
29	30	31	1	2	3	4

el fin de semana

hari minggu

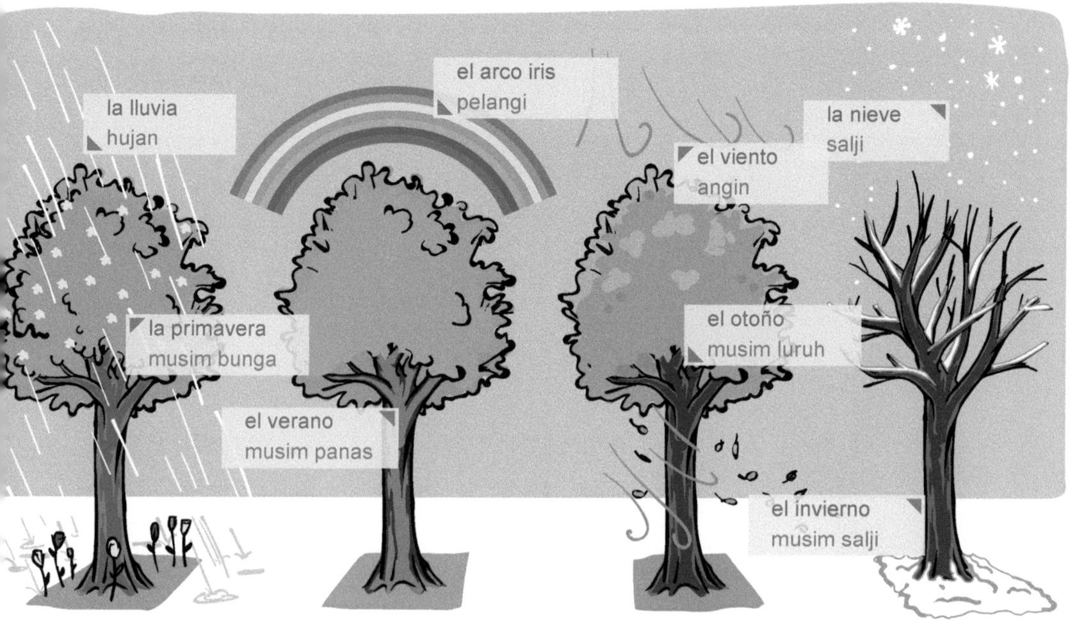

la lluvia
hujan

el arco iris
pelangi

la nieve
salji

el viento
angin

la primavera
musim bunga

el otoño
musim luruh

el verano
musim panas

el invierno
musim salji

4.APRIL	11°	☀
5.APRIL	4°	☁
6.APRIL	13°	☂
7.APRIL	8°	❄
8.APRIL	10°	❄

l pronóstico meteorológico

ramalan cuaca

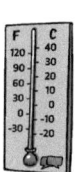

el termómetro

termometer

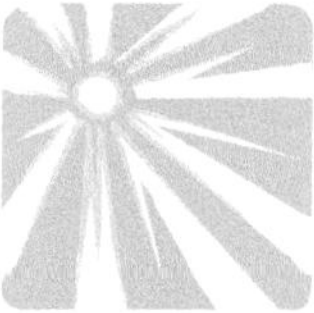

la luz del sol

sinar matahari

la nube

awan

la niebla

kabus

la humedad

lembapan

el rayo

kilat

el trueno

petir

la tormenta

ribut

el granizo

hujan batu

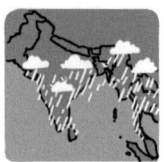

el monzón

monsun

la inundación

banjir

el hielo

ais

enero

Januari

febrero

Februari

marzo

Mac

abril

April

mayo

Mei

junio

Jun

julio

Julai

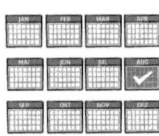

agosto

Ogos

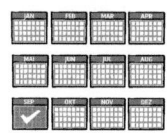

septiembre

September

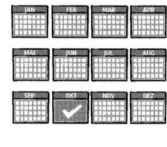

octubre

Oktober

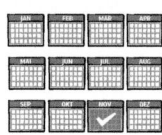

noviembre

November

diciembre

Disember

las formas

bentuk

el círculo

bulatan

el cuadrado

petak

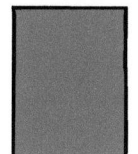

el rectángulo

segi empat tepat

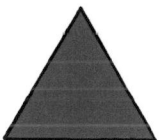

el triángulo

segitiga

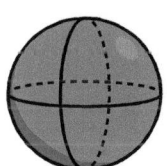

la esfera

sfera

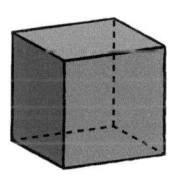

el cubo

kiub

blanco

putih

amarillo

kuning

naranja

oren

rosa

merah jambu

rojo

merah

violeta

ungu

azul

biru

verde

hijau

marrón

coklat

gris

kelabu

negro

hitam

mucho / poco

banyak / sedikit

enojado / tranquilo

marah / tenang

lindo / feo

cantik / hodoh

el principio / el fin

bermula / tamat

grande / chico

besar kecil

claro / oscuro

terang / gelap

el hermano / la hermana

abang / kakak

limpio / sucio

bersih / kotor

completo / incompleto

lengkap / tidak lengkap

el día / la noche

hari / malam

muerto / vivo

mati / hidup

ancho / angosto

luas / sempit

comestible / no comestible

boleh dimakan / tidak boleh dimakan

malo / amable

jahat / baik

entusiasmado / aburrido

teruja / bosan

gordo / flaco

gemuk / kurus

primero / último

pertama / terakhir

el amigo / el enemigo

kawan / musuh

lleno / vacío

penuh / kosong

duro / blando

keras / lembut

pesado / liviano

berat / ringan

el hambre / la sed

lapar / dahaga

enfermo / sano

sakit / sihat

ilegal / legal

menyalahi undang-undang / undang-undang

inteligente / estúpido

pintar / bodoh

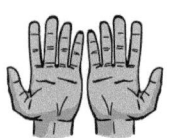

izquierda / derecha

kiri / kanan

cerca / lejos

dekat / jauh

los opuestos - berlawanan

nuevo / usado

baru / lama

nada / algo

tiada / sesuatu

viejo / joven

tua / muda

encendido / apagado

hidup / mati

abierto / cerrado

terbuka / tertutup

silencioso / ruidoso

diam / bising

rico / pobre

kaya / miskin

correcto / incorrecto

betul / salah

áspero / suave

kasar / halus

triste / contento

sedih / gembira

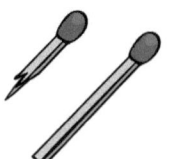

corto / largo

pendek / panjang

lonto / rápido

lambat / laju

mojado / seco

basah / kering

caliente / frío

panas / sejuk

guerra / paz

berperang / berdamai

los números

nombor

0

cero

sifar

1

uno

satu

2

dos

dua

3

tres

tiga

4

cuatro

empat

5

cinco

lima

6

seis

enam

7

siete

tujuh

8

ocho

lapan

9

nueve

sembilan

10

diez

sepuluh

11

once

sebelas

12

doce

dua belas

13

trece

tiga belas

14

catorce

empat belas

15

quince

lima belas

16

dieciséis

enam belas

17

diecisiete

tujuh belas

18

dieciocho

lapan belas

19

diecinueve

Sembilan belas

20

veinte

dua puluh

100

cien

ratus

1.000

mil

ribu

1.000.000

el millón

juta

el inglés

Bahasa Inggeris

el inglés americano

Bahasa Inggeris Amerika

el chino mandarín

Bahasa Cina Mandarin

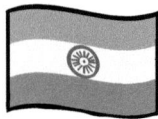

el hindi

Bahasa Hindi

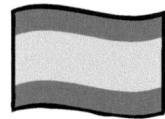

el español

Bahasa Sepanyol

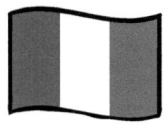

el francés

Bahasa Perancis

el árabe

Bahasa Arab

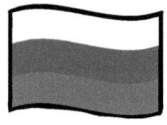

el ruso

Bahasa Rusia

el portugués

Bahasa Portugis

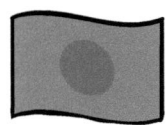

el bengalí

Bahasa Benggali

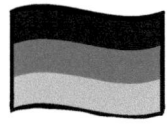

el alemán

Bahasa Jerman

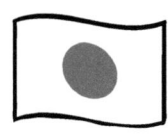

el japonés

Bahasa Jepun

yo

saya

vos

anda

él / ella

dia / dia / ia

nosotros

kita

ustedes

anda

ellos

mereka

¿quién?

siapa?

¿qué?

apa?

¿cómo?

bagaimana?

¿dónde?

di mana?

¿cuándo?

bila?

el nombre

nama

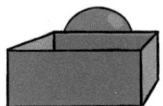

detrás

belakang

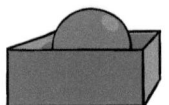

en

dalam

adelante de

di hadapan

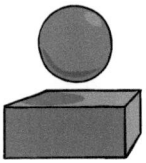

por encima de

lebih

sobre

pada

debajo de

di bawah

al lado de

bersebelahan

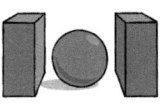

entre

antara

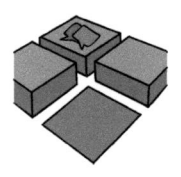

el lugar

tempat